Impressum
Verlag: BABADADA GmbH, Nedderfeld 112 , 22529 Hamburg
Geschäftsführer / Verlagsleitung: Harald Hof
Druck: Books on Demand GmbH, In de Tarpen 42, 22848 Norderstedt

Imprint
Publisher: BABADADA GmbH, Nedderfeld 112 , 22529 Hamburg, Germany
Managing Director / Publishing direction: Harald Hof
Print: Books on Demand GmbH, In de Tarpen 42, 22848 Norderstedt

koulu

skole

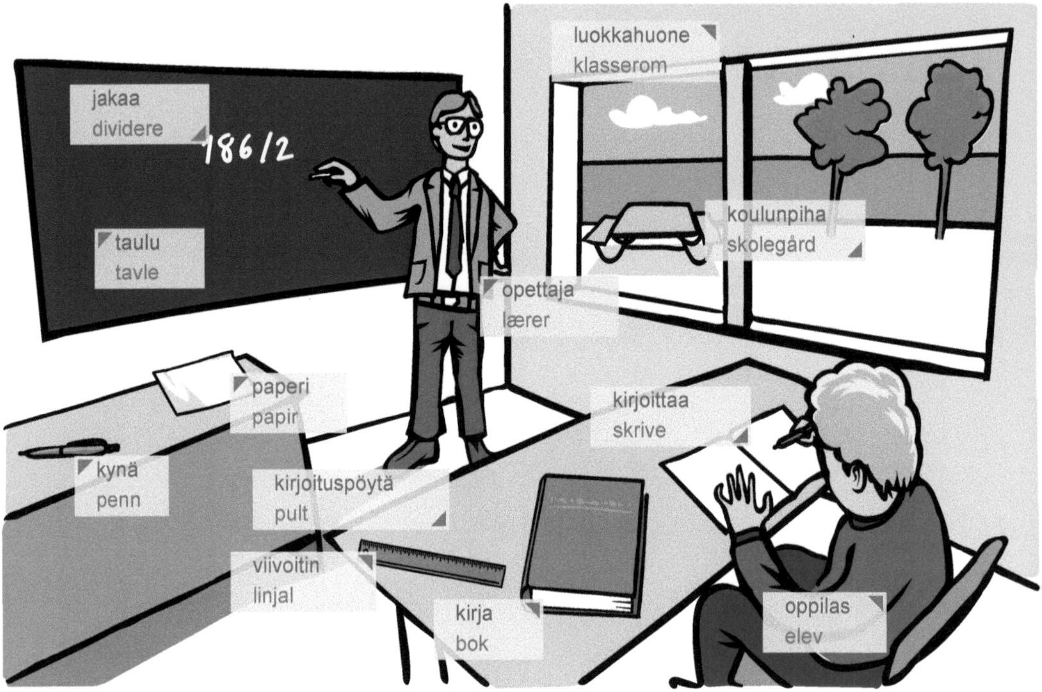
luokkahuone
klasserom
jakaa
dividere
186/2
taulu
tavle
koulunpiha
skolegård
opettaja
lærer
paperi
papir
kirjoittaa
skrive
kynä
penn
kirjoituspöytä
pult
viivoitin
linjal
kirja
bok
oppilas
elev

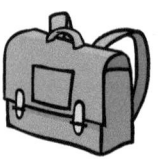

reppu

ransel

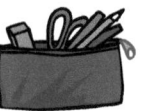

penaali

penal

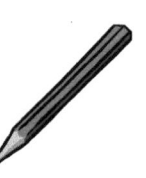

lyijykynä

blyant

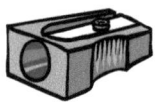

kynänteroitin

blyantspisser

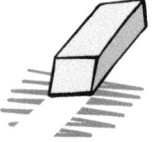

pyyhekumi

viskelær

piirustuslehtiö

tegneblokk

piirustus
tegning

pensseli
pensel

vesivärit
malerskrin

sakset
saks

liima
lim

harjoituskirja
arbeidsbok

kotitehtävä
lekse

12

luku
tall

2+2

lisätä
addere

5-2

vähentää
subtrahere

2×2

kertoa
multiplisere

laskea
regne

kirjain
bokstav

aakkoset
alfabet

sana
ord

teksti

tekst

lukea

lese

liitu

kritt

oppitunti

skoletime

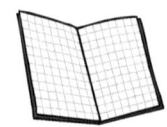

opettajan muistikirja

klassebok

koe

eksamen

todistus

vitnemål

koulupuku

skoleuniform

koulutus

utdannelse

sanakirja

leksikon

yliopisto

universitet

mikroskooppi

mikroskop

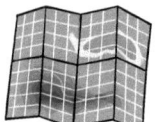

kartta

kart

roskakori

papirkurv

matka
reise

hotelli
hotell
Grand
retkeilymaja
pensjonat
ROOMS
rahanvaihto
vekslingskontor
matkalaukku
koffert
auto
bil

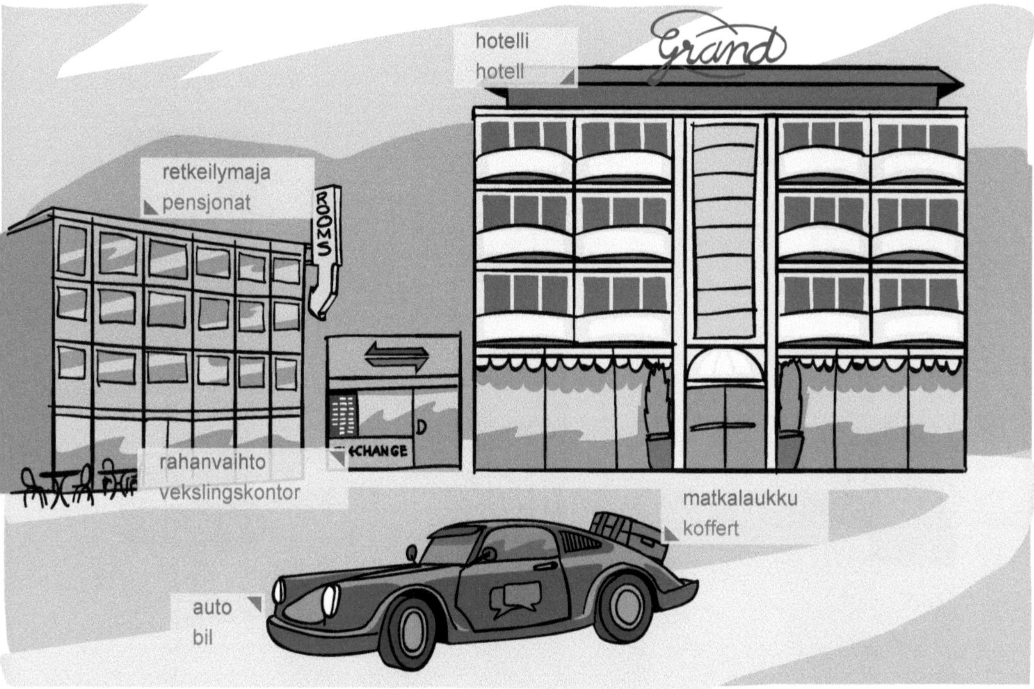

kieli

språk

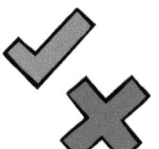

kyllä / ei

ja / nei

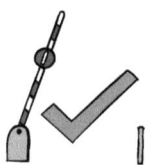

selvä

okay

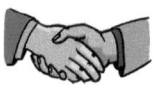

hei

Hei

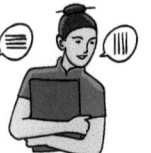

tulkki

tolk

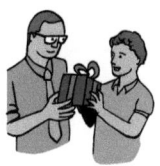

kiitos

takk skal du ha

Paljonko...maksaa?

Hva koster...?

en ymmärrä

Jeg forstår ikke

ongelma

problem

Hyvää iltaa!

God kveld!

Hyvää huomenta!

God morgen!

Hyvää yötä!

God natt!

näkemiin

ha det bra

suunta

retning

matkatavarat

bagasje

laukku

veske

reppu

ryggsekk

vieras

gjest

huone

rom

makuupussi

sovepose

teltta

telt

turisti-info
turistinformasjon

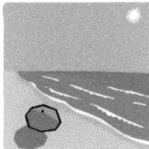

ranta
strand

luottokortti
kredittkort

aamupala
frokost

lounas
lunsj

päivällinen
middag

matkalippu
billett

hissi
heis

postimerkki
stempel

raja
grense

tulli
toll

suurlähetystö
ambassade

viisumi
visum

passi
pass

matka - reise

kuljetus
transport

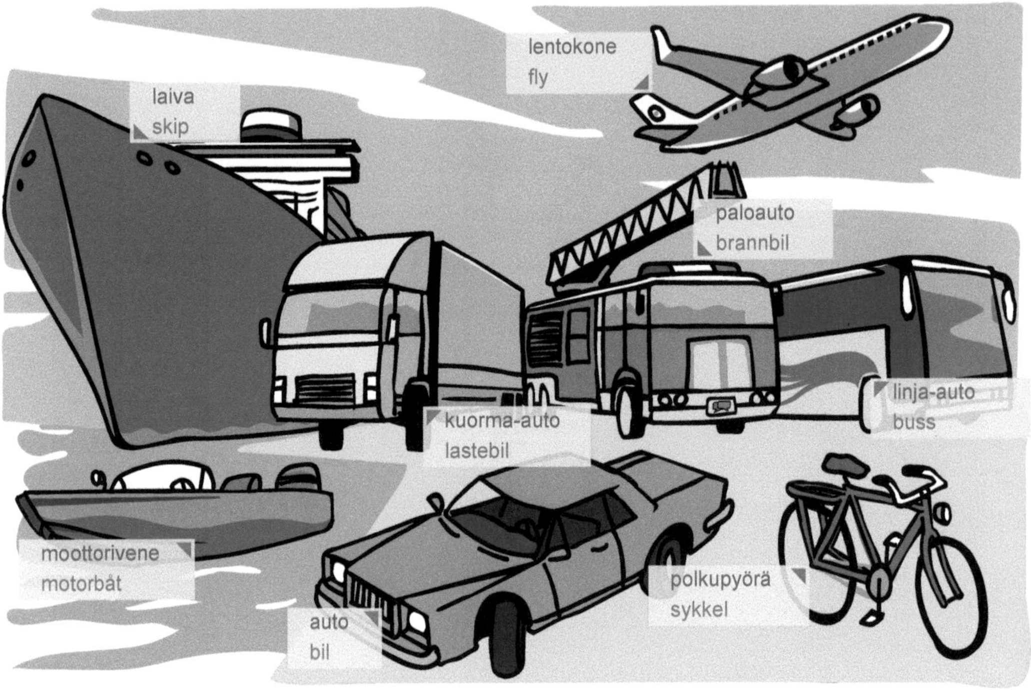
lentokone
fly
laiva
skip
paloauto
brannbil
linja-auto
buss
kuorma-auto
lastebil
moottorivene
motorbåt
polkupyörä
sykkel
auto
bil

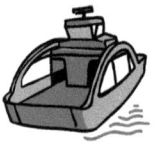

lautta
ferge

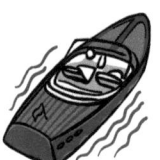

vene
båt

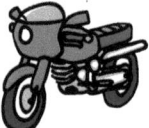

moottoripyörä
motorsykkel

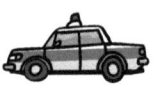

poliisiauto
politibil

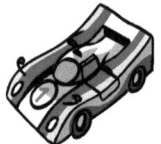

kilpa-auto
racerbil

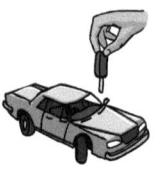

vuokra-auto
leiebil

car sharing

bilkollektiv

hinausauto

bergingsbil

roska-auto

søppelbil

moottori

motor

polttoaine

brennstoff

huoltoasema

bensinstasjon

liikennemerkki

trafikkskilt

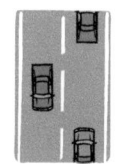

liikenne

trafikk

ruuhka

trafikkork

parkkipaikka

parkeringsplass

rautatieasema

togstasjon

raiteet

skinne

juna

tog

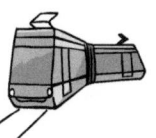

raitiovaunu

trikk

vaunu

vogn

helikopteri

helikopter

lentokenttä

flyplass

lähilennonjohto

tårn

matkustaja

passasjer

kontti

konteiner

pahvilaatikko

kartong

kärryt

tralle

kori

kurv

nousta / laskea

starte / lande

kaupunki

by

kylä

landsby

keskusta

sentrum

talo

hus

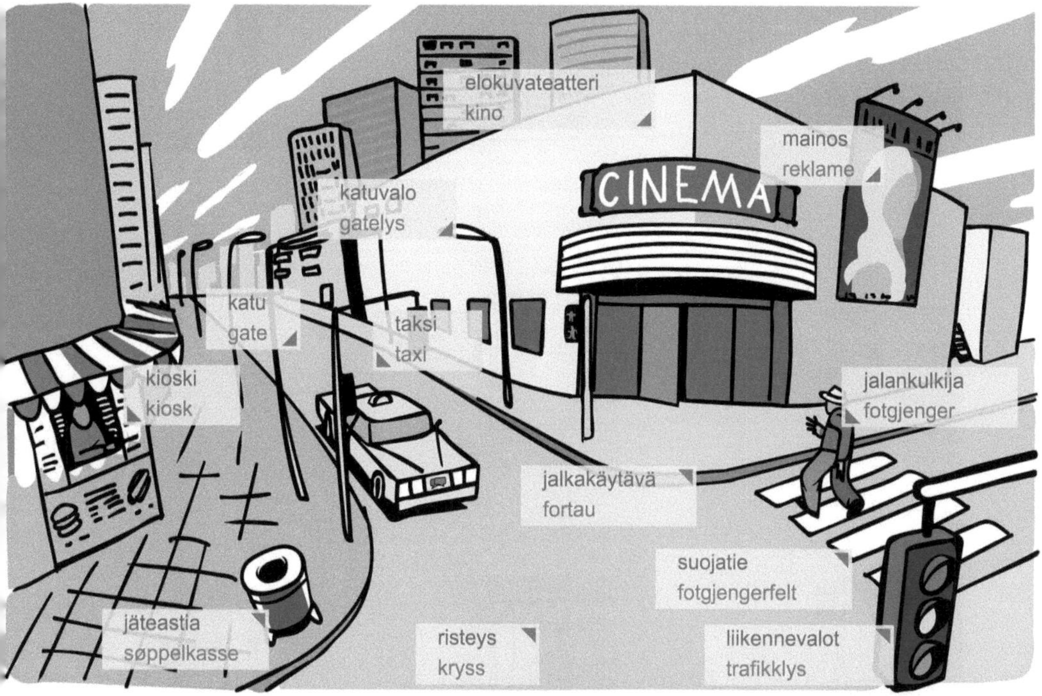

elokuvateatteri
kino

mainos
reklame

katuvalo
gatelys

katu
gate

taksi
taxi

kioski
kiosk

jalankulkija
fotgjenger

jalkakäytävä
fortau

suojatie
fotgjengerfelt

jäteastia
søppelkasse

risteys
kryss

liikennevalot
trafikklys

mökki
hytte

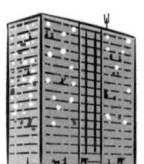

kerrostalo
leilighet

rautatieasema
togstasjon

kaupungintalo
rådhus

museo
museum

koulu
skole

kaupunki - by

yliopisto

universitet

pankki

bank

sairaala

sykehus

hotelli

hotell

apteekki

apotek

toimisto

kontor

kirjakauppa

bokhandel

liike

butikk

kukkakauppa

blomsterbutikk

supermarketti

matbutikk

tori

marked

tavaratalo

varehus

kalakauppias

fiskehandler

ostoskeskus

kjøpesenter

satama

havn

puisto

park

penkki

benk

silta

bro

portaat

trapp

metro

t-bane

tunneli

tunnel

linja-autopysäkki

busstopp

baari

bar

ravintola

restaurant

postilaatikko

postkasse

katukyltti

gateskilt

parkkimittari

parkometer

eläintarha

dyrehage

uimala

svømmebasseng

moskeija

moské

maatila
bondegård

ympäristön saastuminen
miljøforurensing

hautausmaa
kirkegård

kirkko
kirke

leikkikenttä
lekeplass

temppeli
tempel

maisema
landskap

lehti
blad

tienviitta
veiviser

tie
vei

niitty
eng

kivi
stein

retkeilijä
turgåer

puu
tre

joki
elv

ruoho
gress

kukka
blomst

laakso
dal

vuori
fjell

järvi
innsjø

metsä
skog

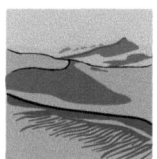

aavikko
ørken

tulivuori
vulkan

linna
slott

sateenkaari
regnbue

sieni
sopp

palmu
palmetre

hyttynen
mygg

kärpänen
flue

muurahainen
maur

mehiläinen
bie

hämähäkki
edderkopp

kovakuoriainen

bille

sammakko

frosk

orava

ekorn

siili

piggsvin

jänis

hare

pöllö

ugle

lintu

fugl

joutsen

svane

villisika

villsvin

peura

hjort

hirvi

elg

pato

demning

tuulimylly

vindturbin

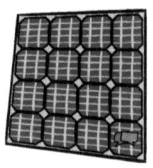

aurinkopaneeli

solcellepanel

ilmasto

klima

ravintola
restaurant

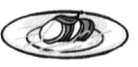

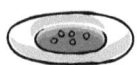

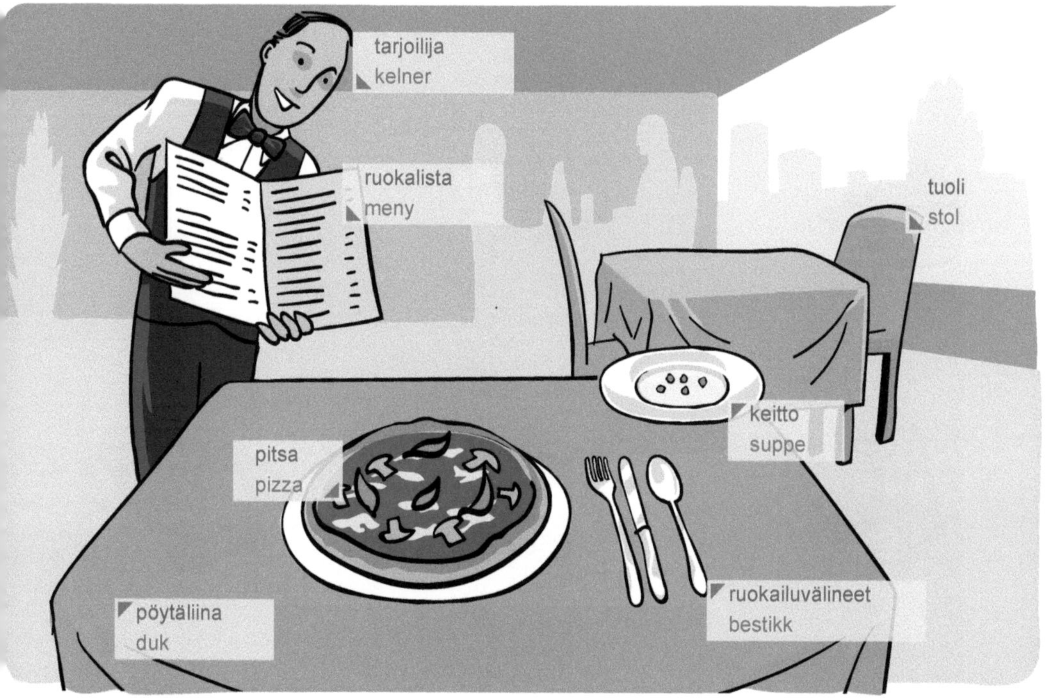
tarjoilija
kelner
ruokalista
meny
tuoli
stol
keitto
suppe
pitsa
pizza
ruokailuvälineet
bestikk
pöytäliina
duk

alkuruoka

forrett

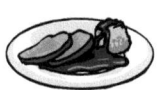

pääruoka

hovedrett

jälkiruoka

dessert

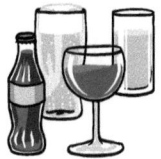

juomat

drikkevarer

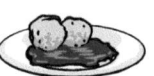

ruoka

mat

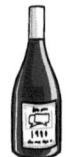

pullo

flaske

pikaruoka

hurtigmat

katuruoka

gatemat

teekannu

tekanne

sokeriastia

sukkerskål

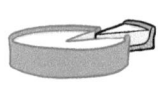

annos

porsjon

espressokeitin

espressomaskin

syöttötuoli

barnestol

lasku

regning

tarjotin

brett

veitsi

kniv

haarukka

gaffel

lusikka

skje

teelusikka

teskje

servietti

serviett

lasi

glass

ravintola - restaurant

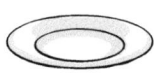

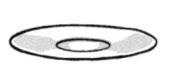

lautanen	syvä lautanen	aluslautanen
tallerken	suppetallerken	skål

kastike	suolasirotin	pippurimylly
saus	saltbøsse	pepperkvern

etikka	öljy	mausteet
eddik	olje	krydder

ketsuppi	sinappi	majoneesi
ketchup	sennep	majones

supermarketti
matbutikk

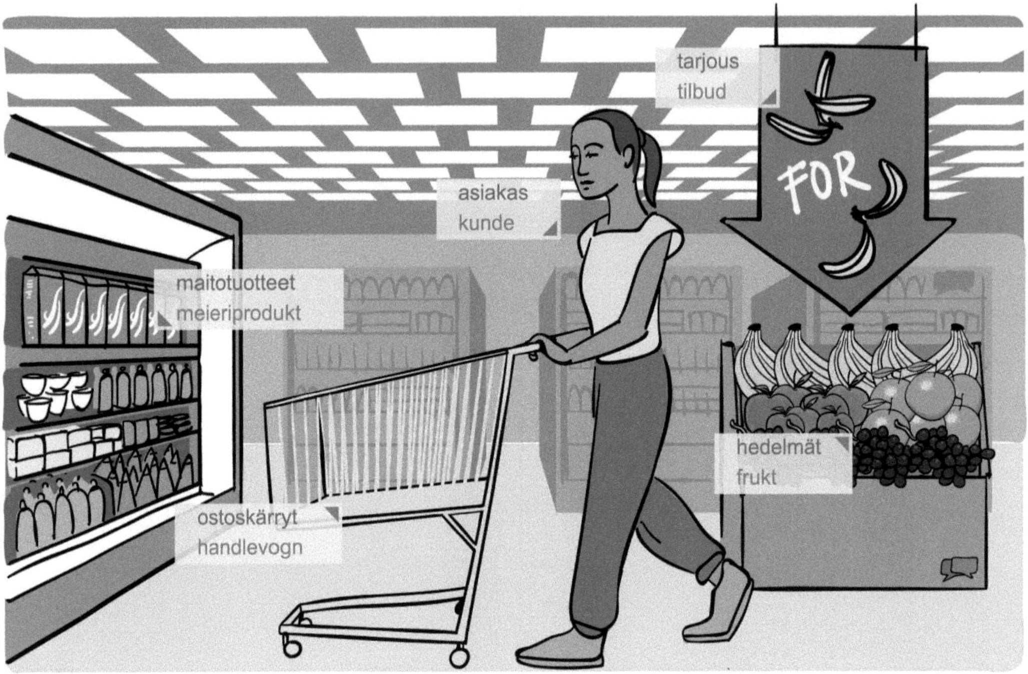

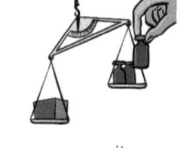

tarjous
tilbud
FOR
asiakas
kunde
maitotuotteet
meieriprodukt
hedelmät
frukt
ostoskärryt
handlevogn

BUTCHERS

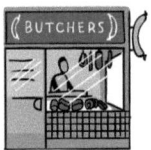

teurastamo

slakter

BAKERY

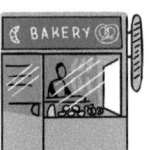

leipomo

bakeri

punnita

veie

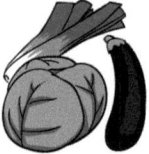

kasvikset

grønnsaker

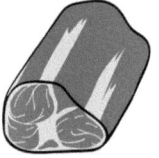

liha

kjøtt

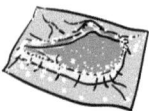

pakasteet

frysevarer

leikkele
oppskåret pålegg

säilykkeet
hermetikk

pesujauhe
vaskepulver

makeiset
godteri

kotitaloustarvikkeet
husholdningsprodukter

puhdistusaineet
rengjøringsmidler

myyjä
butikkmedarbeider

kassa
kassaapparat

kassanhoitaja
kasserer

ostoslista
handleliste

aukioloajat
åpningstider

lompakko
lommebok

luottokortti
kredittkort

kassi
veske

muovipussi
plastpose

vesi

vann

mehu

juice

maito

melk

kokis

cola

viini

vin

olut

øl

alkoholi

alkohol

kaakao

kakao

tee

te

kahvi

kaffe

espresso

espresso

cappuccino

cappuccino

banaani

banan

omena

eple

appelsiini

appelsin

meloni

melon

sitruuna

sitron

porkkana

gulrot

valkosipuli

hvitløk

bambu

bambus

sipuli

løk

sieni

sopp

pähkinät

nøtter

spagetti

nudler

spagetti

spagetti

riisi

ris

salaatti

salat

ranskalaiset

pommes frites

paistetut perunat

stekte poteter

pitsa

pizza

hampurilainen

hamburger

voileipä

sandwich

leike

biff

kinkku

skinke

salami

salami

makkara

pølse

kana

kylling

paisti

stek

kala

fisk

kaurahiutaleet

havregryn

mysli

müsli

murot

cornflakes

jauho

mel

voisarvi

croissant

sämpylä

rundstykke

leipä

brød

paahtoleipä

ristet brød

keksit

kjeks

voi

smør

rahka

kvarg

kakku

kake

kananmuna

egg

paistettu kananmuna

speilegg

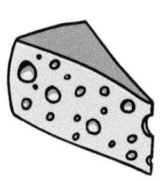

juusto

ost

jäätelö

iskrem

sokeri

sukker

hunaja

honning

hillo

syltetøy

suklaapähkinälevite

sjokoladepålegg

curry

karri

ruoka - mat

maatila
bondegård

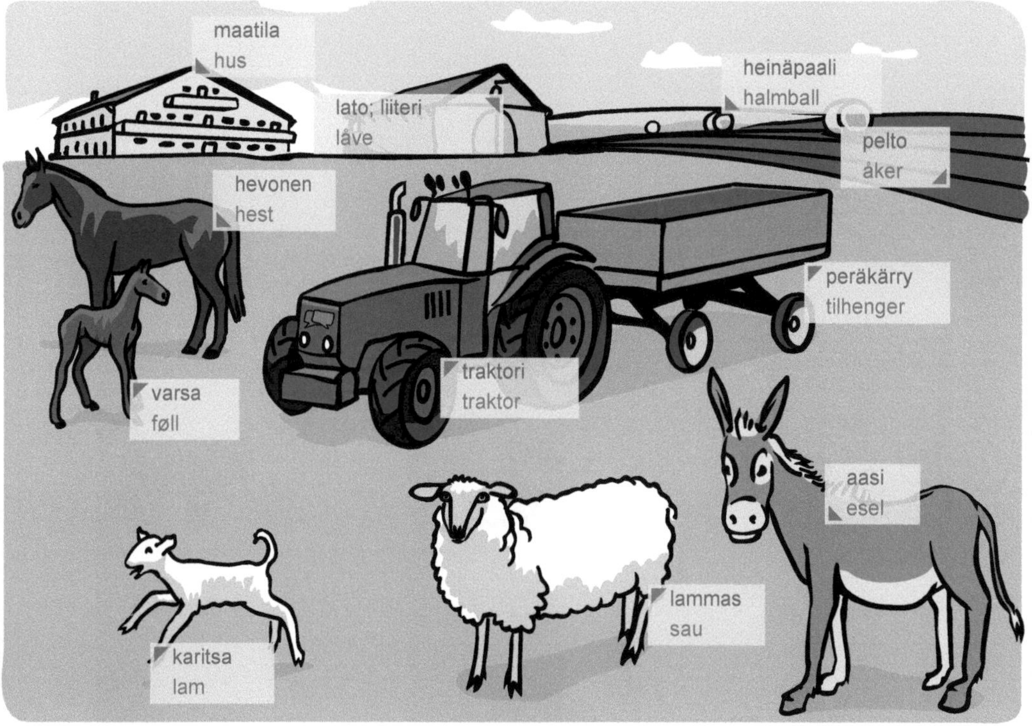
maatila
hus
lato; liiteri
låve
heinäpaali
halmball
pelto
åker
hevonen
hest
peräkärry
tilhenger
traktori
traktor
varsa
føll
aasi
esel
lammas
sau
karitsa
lam

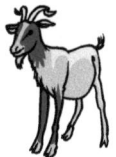

vuohi

geit

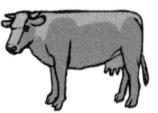

lehmä

ku

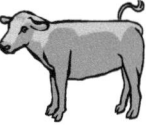

vasikka

kalv

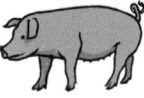

sika

gris

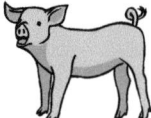

porsas

grisunge

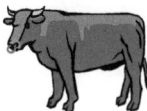

sonni

okse

hanhi

gås

ankka

and

tipu

kylling

kana

høne

kukko

hane

rotta

rotte

kissa

katt

hiiri

mus

härkä

okse

koira

hund

koirankoppi

hundehus

puutarhaletku

hageslange

kastelukannu

vannkanne

viikate

ljå

aura

plog

sirppi

sigd

kuokka

hakke

talikko

høygaffel

kirves

øks

kottikärryt

trillebår

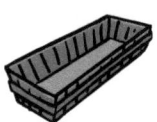

kaukalo

trau

maitokannu

melkekanne

säkki

sekk

aita

gjerde

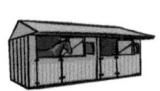

talli

fjøs

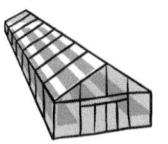

kasvihuone

drivhus

maa

jord

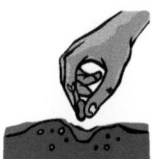

siemen

frø

lannoite

gjødsel

leikkuupuimuri

skurtresker

kerätä sato

høste

sato

innhøsting

jamssit

yams

vehnä

hvete

soija

soja

peruna

potet

maissi

mais

rypsi

raps

hedelmäpuu

frukttre

maniokki

kassava

vilja

korn

talo
hus

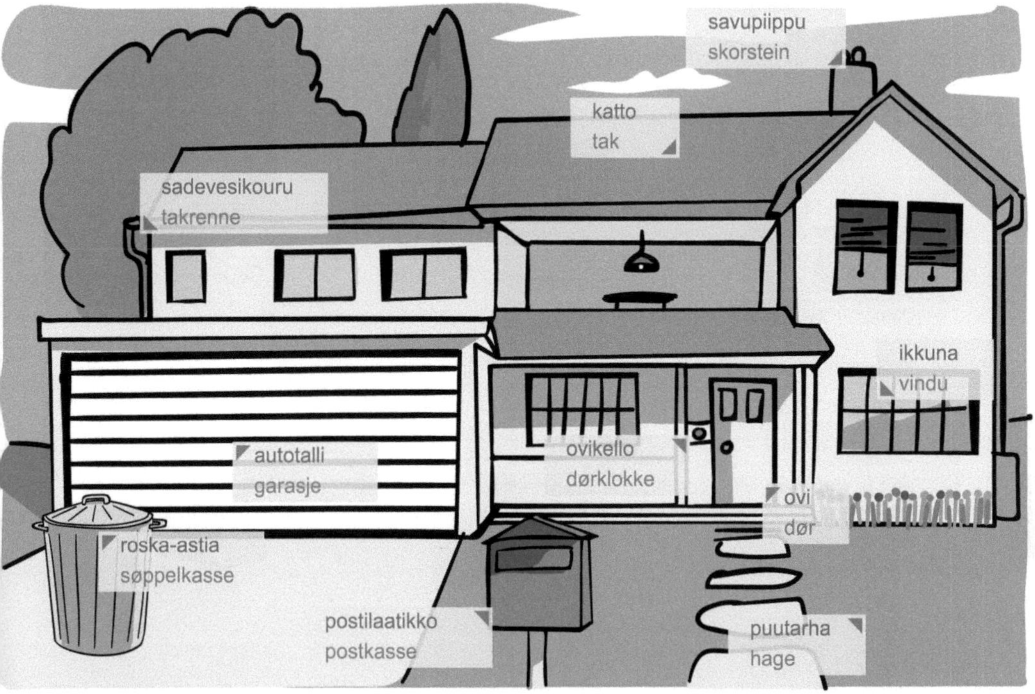

savupiippu
skorstein
katto
tak
sadevesikouru
takrenne
ikkuna
vindu
autotalli
garasje
ovikello
dørklokke
ovi
dør
roska-astia
søppelkasse
postilaatikko
postkasse
puutarha
hage

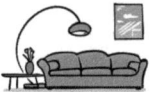

olohuone

stue

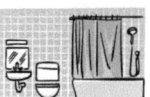

kylpyhuone

bad

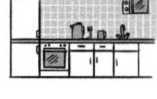

keittiö

kjøkken

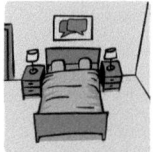

makuuhuone

soverom

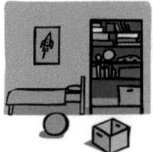

lastenhuone

barnerom

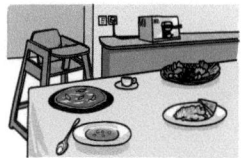

ruokahuone

spisestue

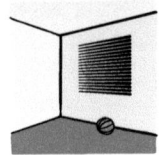

lattia

gulv

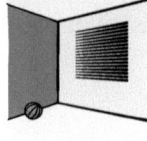

seinä

vegg

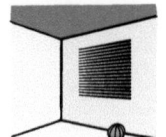

katto

tak

kellari

kjeller

sauna

badstue

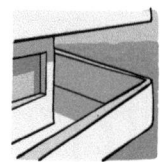

parveke

balkong

terassi

terrasse

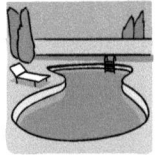

uima-allas

svømmebasseng

ruohonleikkuri

gressklipper

lakana

laken

päiväpeitto

dyne

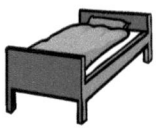

sänky

seng

harja

kost

ämpäri

bøtte

katkaisin

bryter

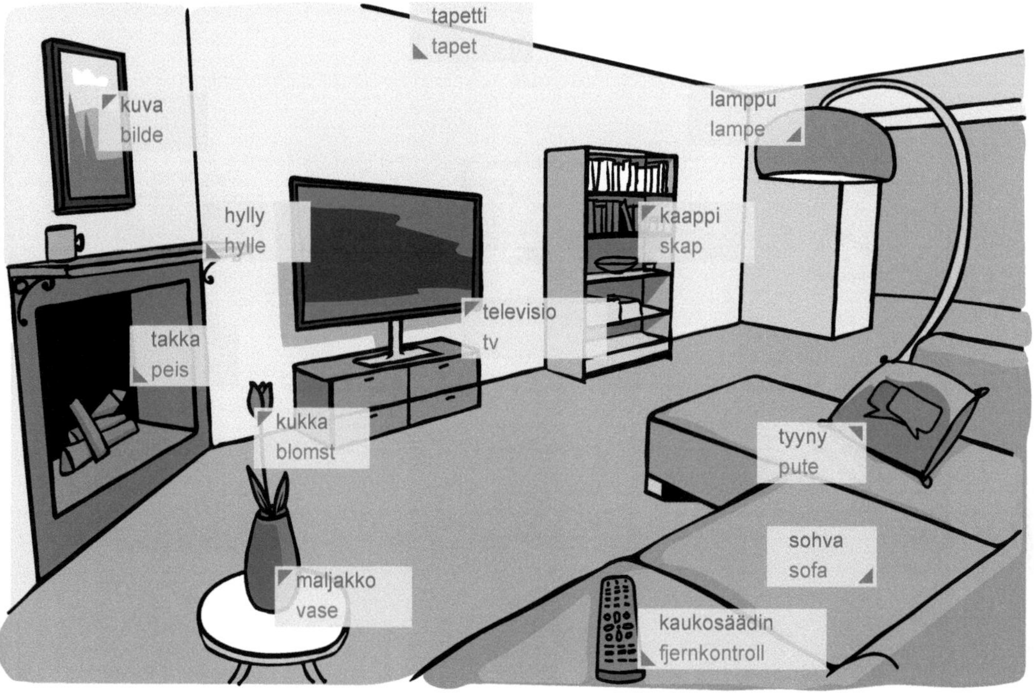

tapetti
tapet

kuva
bilde

lamppu
lampe

hylly
hylle

kaappi
skap

takka
peis

televisio
tv

kukka
blomst

tyyny
pute

sohva
sofa

maljakko
vase

kaukosäädin
fjernkontroll

matto
gulvteppe

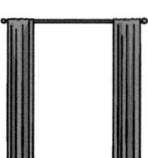

verho
gardin

pöytä
bord

tuoli
stol

keinutuoli
gyngestol

nojatuoli
lenestol

kirja

bok

peitto

teppe

koriste

dekorasjon

polttopuut

ved

elokuva

film

stereot

stereoanlegg

avain

nøkkel

sanomalehti

avis

maalaus

maleri

juliste

plakat

radio

radio

muistivihko

notatblokk

pölynimuri

støvsuger

kaktus

kaktus

kynttilä

lys

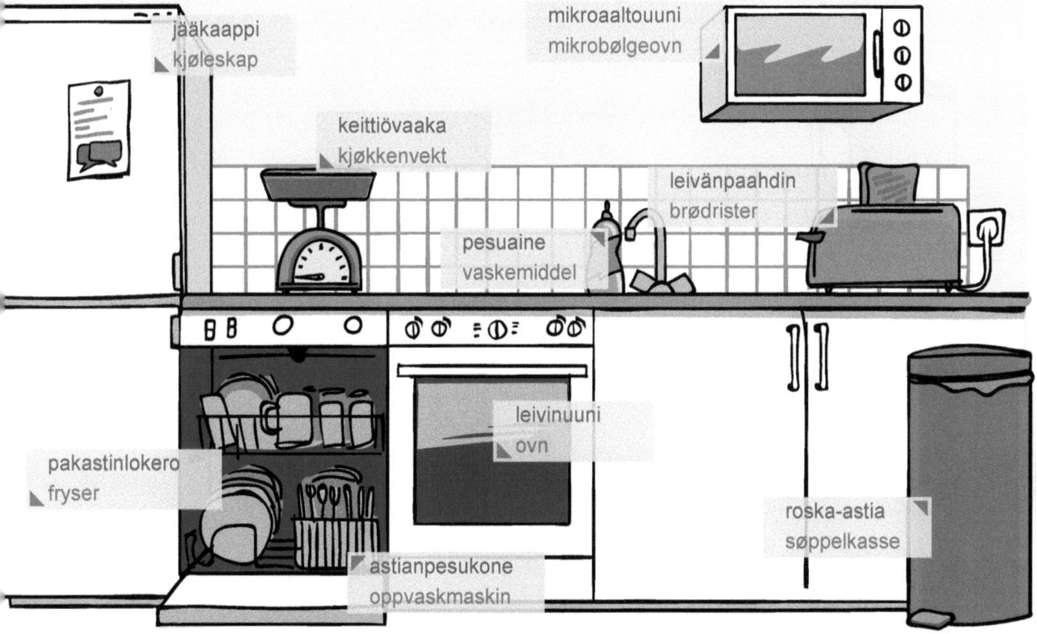

jääkaappi
kjøleskap

mikroaaltouuni
mikrobølgeovn

keittiövaaka
kjøkkenvekt

leivänpaahdin
brødrister

pesuaine
vaskemiddel

pakastinlokero
fryser

leivinuuni
ovn

roska-astia
søppelkasse

astianpesukone
oppvaskmaskin

liesi
komfyr

kattila
gryte

rautapata
jerngryte

vokkipannu / kadai-pannu
wokpanne

paistinpannu
panne

teepannu
vannkoker

höyrykeitin
dampovn

uunipelti
stekebrett

astiat
servise

muki
krus

kulho
bolle

syömäpuikot
spisepinner

kauha
øse

paistinlasta
stekespade

vispilä
visp

siivilä
sil

siivilä
sil

raastin
rivjern

mortteli
mørtel

grilli
grill

avotuli
bål

leikkuulauta

skjærefjøl

kaulin

kjevle

korkinavaaja

korketrekker

purkki

boks

purkinavaaja

boksåpner

pannulappu

gryteklut

lavuaari

vask

tiskiharja

børste

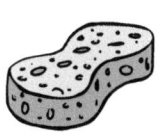

pesusieni

svamp

tehosekoitin

blender

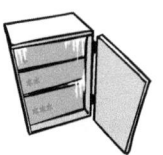

pakastin

fryseboks

tuttipullo

tåteflaske

vesihana

kran

kylpyhuone

bad

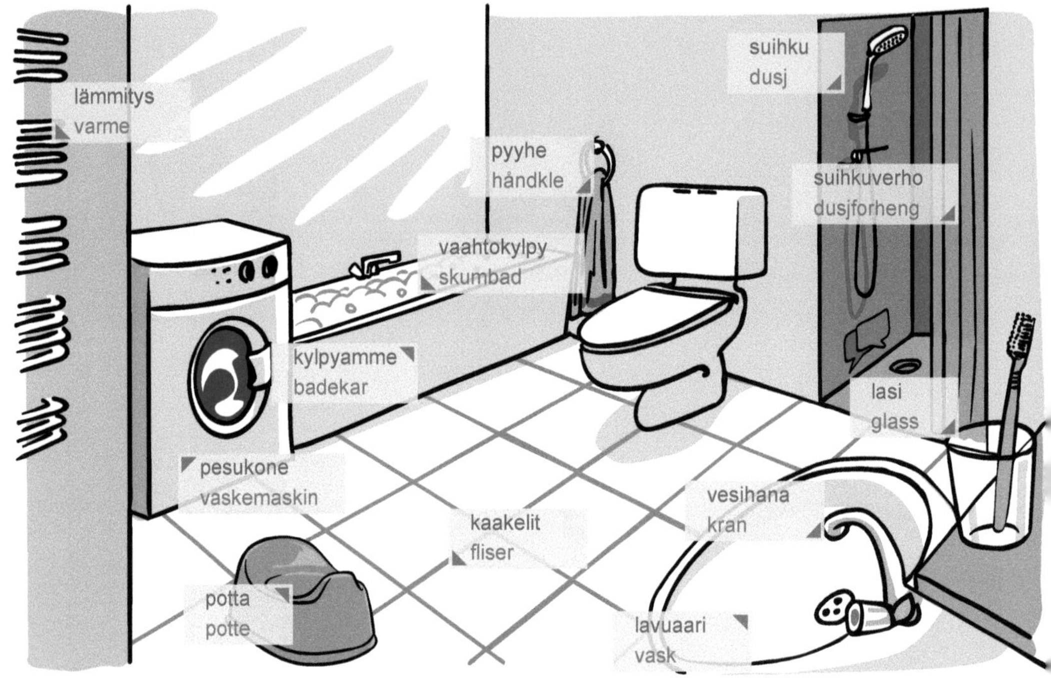

lämmitys
varme
pyyhe
håndkle
suihku
dusj
suihkuverho
dusjforheng
vaahtokylpy
skumbad
kylpyamme
badekar
pesukone
vaskemaskin
lasi
glass
vesihana
kran
kaakelit
fliser
potta
potte
lavuaari
vask

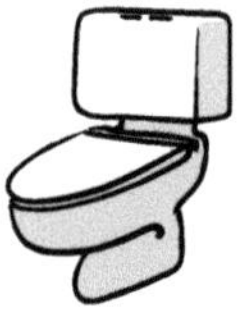

vessa

toalett

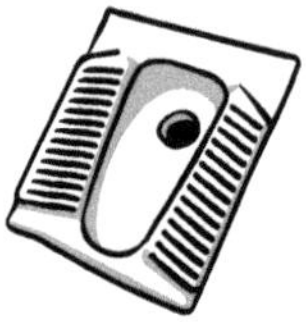

kyykkyvessa

ståtoalett

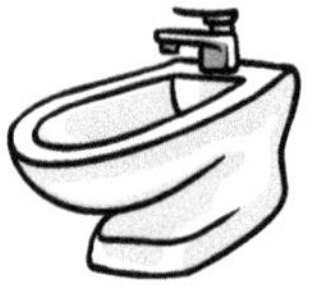

bidee

bidet

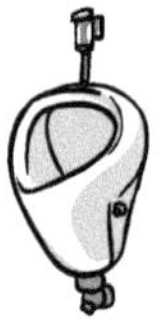

pisuaari

pissoar

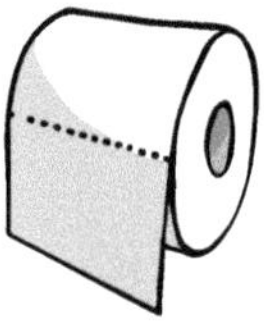

vessapaperi

toalettpapir

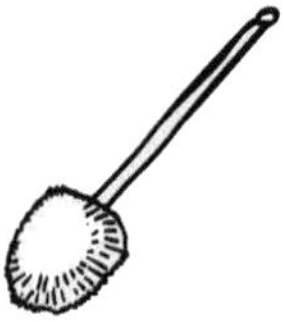

vessaharja

toalettbørste

hammasharja

tannbørste

hammastahna

tannkrem

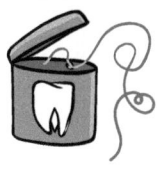

hammaslanka

tanntråd

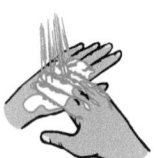

pestä

vaske

käsisuihku

hånddusj

intiimisuihku

intimdusj

pesuvati

oppvaskbalje

selkäharja

ryggbørste

saippua

såpe

suihkugeeli

dusjsåpe

shampoo

sjampo

pesulappu

vaskeklut

viemäri

avløp

voide

krem

deodorantti

deodorant

peili

speil

käsipeili

håndspeil

partaveitsi

barberhøvel

partavaahto

barberskum

partavesi

barberingsvann

kampa

kam

harja

børste

hiustenkuivaaja

hårføner

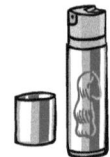

hiuslakka

hårspray

meikki

sminke

huulipuna

lebestift

kynsilakka

neglelakk

pumpuli

bomullsdott

kynsisakset

neglesaks

hajuvesi

parfyme

kosmetiikkalaukku

toalettmappe

jakkara

krakk

vaaka

vekt

kylpytakki

badekåpe

kumihansikkaat

gummihansker

tamponi

tampong

terveysside

sanitetsbind

kemiallinen wc

kjemisk toalett

lastenhuone
barnerom

herätyskello
vekkerklokke
pehmolelu
kosedyr
leikkiauto
lekebil
helistin
rangle
nukkekoti
dukkehus
lahja
gave

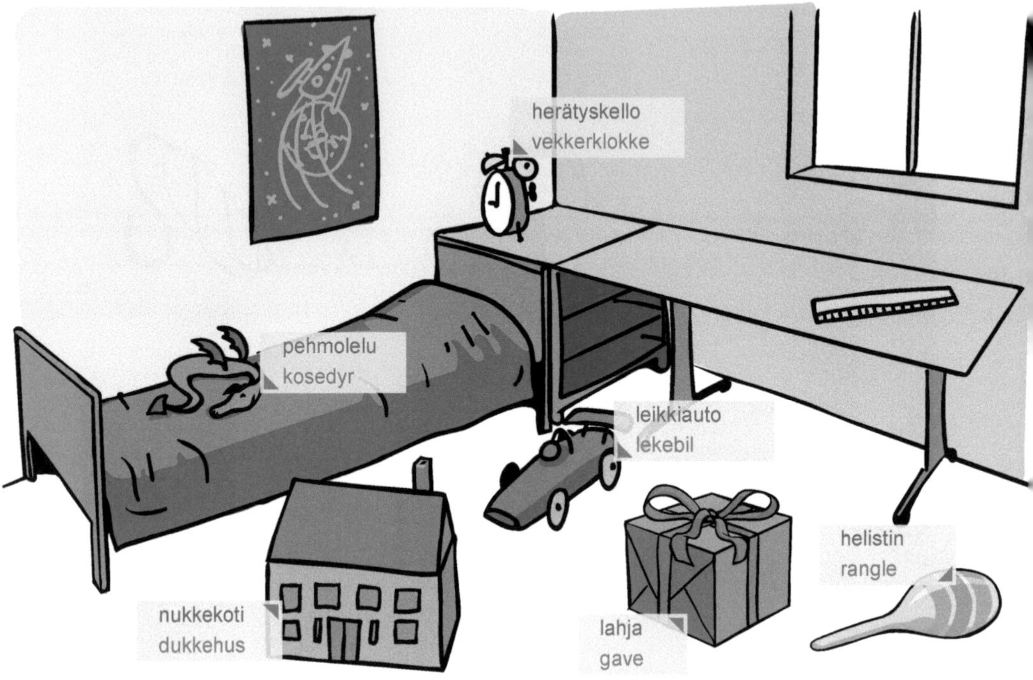

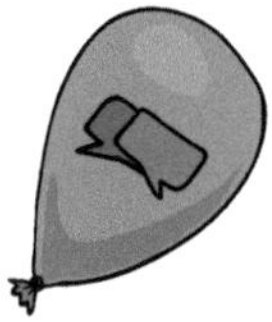

ilmapallo

ballong

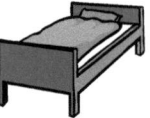

sänky

seng

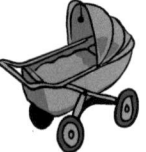

lastenvaunut

barnevogn

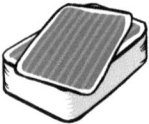

korttipeli

kortstokk

palapeli

puslespill

SUPER
MEGA

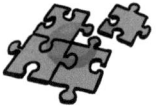

sarjakuva

tegneserie

legopalikat

lego klosser

rakennuspalikat

byggeklosser

supersankari

actionfigur

potkupuku

sparkebukse

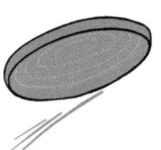

frisbee

frisbee

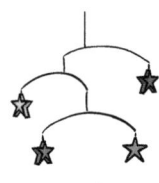

mobile

uro

lautapeli

brettspill

noppa

terning

pienoisjunarata

togbane

tutti

smokk

juhlat

fest

kuvakirja

bildebok

pallo

ball

nukke

dukke

leikkiä

leke

hiekkalaatikko

sandkasse

keinu

gynge

lelut

leketøy

pelikonsoli

spillekonsoll

kolmipyörä

trehjulssykkel

nalle

bamse

vaatekaappi

garderobeskap

vaatteet

klær

sukat

sokker

nylonsukat

strømper

sukkahousut

strømpebukse

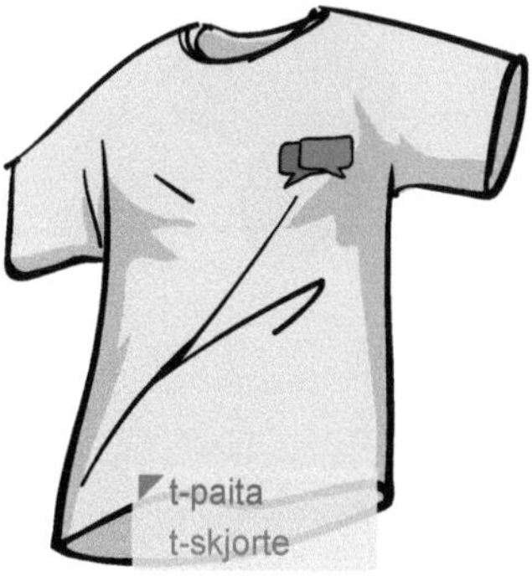

kaulaliina
skjerf

vyö
belte

sateenvarjo
paraply

t-paita
t-skjorte

saappaat
støvler

sisätossut
tøfler

lenkkarit
sneakers

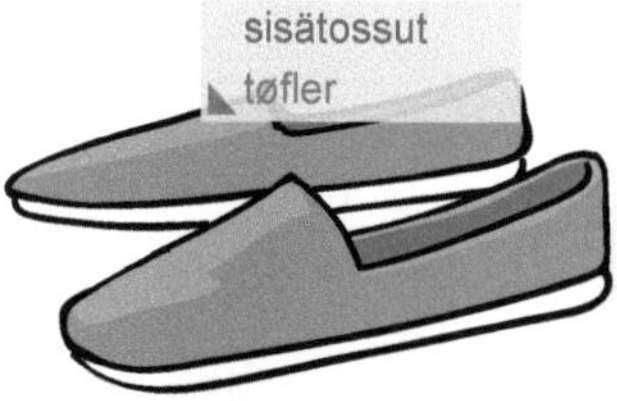

sandaalit
sandaler

kengät
sko

kumisaappaat
gummistøvler

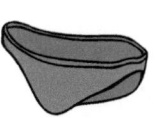

alushousut
underbukse

rintaliivit
BH

aluspaita
undertrøye

vaatteet - klær

body
body

housut
bukse

farkut
dongeribukse

hame
skjørt

pusero
bluse

paita
skjorte

villapaita
genser

collegepaita
hettegenser

jakku
dressjakke

takki
jakke

takki
kåpe

sadetakki
regnjakke

puku
drakt

mekko
kjole

hääpuku
brudekjole

puku

dress

yöpaita

nattkjole

pyjama

pyjamas

shari

sari

päähuivi

skaut

turbaani

turban

burka

burka

kaftaani

kaftan

abaya

abaya

uimapuku

badedrakt

uimahousut

badebukse

shortsit

shorts

verkkarit

treningsklær

esiliina

forkle

käsineet

handske

nappi

knapp

silmälasit

brille

rannekoru

armbånd

kaulakoru

kjede

sormus

ring

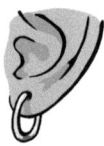

korvakoru

øredobb

lippalakki

lue

ripustin

kleshenger

hattu

hatt

solmio

slips

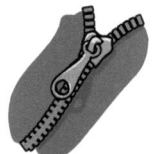

vetoketju

glidelås

kypärä

hjelm

henkselit

bukseseler

koulupuku

skoleuniform

univormu

uniform

ruokalappu

smekke

tutti

smokk

vaippa

bleie

toimisto
kontor

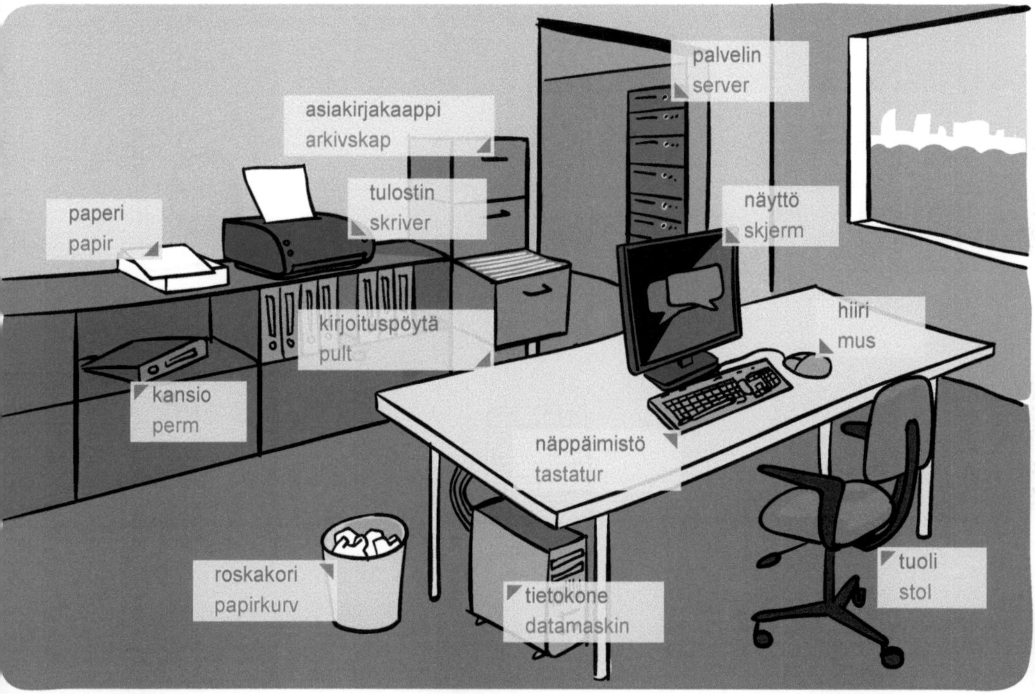

palvelin
server

asiakirjakaappi
arkivskap

paperi
papir

tulostin
skriver

näyttö
skjerm

hiiri
mus

kirjoituspöytä
pult

kansio
perm

näppäimistö
tastatur

roskakori
papirkurv

tietokone
datamaskin

tuoli
stol

kahvimuki

kaffekopp

taskulaskin

kalkulator

internet

internett

kannettava tietokone

bærbar pc

kirje

brev

viesti

beskjed

kännykkä

mobiltelefon

verkko

nettverk

kopiokone

kopimaskin

ohjelmisto

programvare

puhelin

telefon

pistorasia

stikkontakt

faksi

faksmaskin

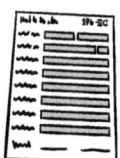

lomake

skjema

asiakirja

dokument

ostaa

kjøpe

maksaa

betale

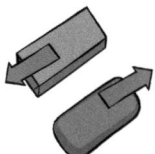

vaihtaa

handle

raha

penger

dollari

dollar

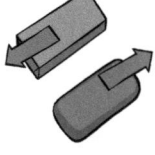  

euro

euro

jeni

yen

rupla

rubel

frangi

sveitserfranc

renminbi juan

renminbi

rupia

rupi

pankkiautomaatti

minibank

rahanvaihto

vekslingskontor

kulta

gull

hopea

sølv

öljy

olje

energia

energi

hinta

pris

sopimus

kontrakt

vero

avgift

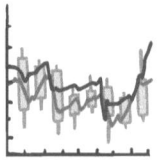

osake

aksje

työskennellä

jobbe

työntekijä

ansatt

työnantaja

arbeitsgiver

tehdas

fabrikk

liike

butikk

talous - økonomi

poliisi
politibetjent

palomies
brannmann

kokki
kokk

lääkäri
lege

lentäjä
pilot

puutarhuri

gartner

puuseppä

snekker

ompelija

syerske

tuomari

dommer

kemisti

kjemiker

näyttelijä

skuespiller

linja-autonkuljettaja

bussjåfør

taksinkuljettaja

taxisjåfør

kalastaja

fisker

siivooja

vaskedame

katontekijä

taktekker

tarjoilija

kelner

metsästäjä

jeger

maalari

maler

leipuri

baker

sähköasentaja

elektriker

rakentaja

bygningsarbeider

insinööri

ingeniør

teurastaja

slakter

putkiasentaja

rørlegger

postinjakaja

postbud

sotilas

soldat

arkkitehti

arkitekt

kassanhoitaja

kasserer

floristi

blomsterhandler

kampaaja

frisør

konduktööri

konduktør

mekaanikko

mekaniker

kapteeni

kaptein

hammaslääkäri

tannlege

tiedemies

forsker

rabbi

rabbi

imaami

imam

munkki

munk

pappi

prest

työkalut
verktøy

vasara
hammer
pihdit
tang
ruuvimeisseli
skrujern
taskulamppu
lommelykt
jakoavain
skiftenøkkel

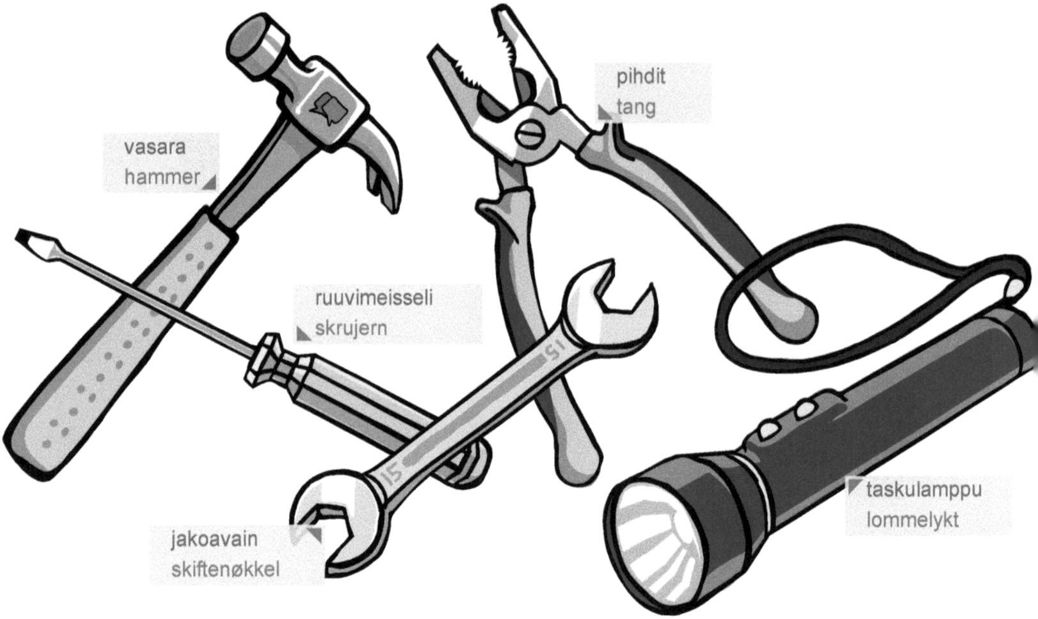

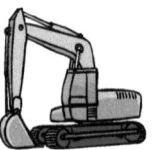

kaivinkone
gravemaskin

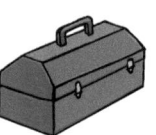

työkalupakki
verktøykasse

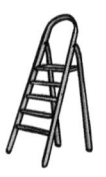

tikkaat
stige

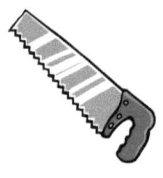

saha
sag

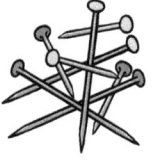

naulat
spiker

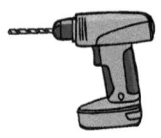

pora
bor

korjata
....
reparere

lapio
....
spade

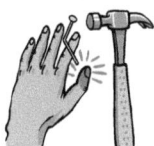

Hitto!
....
Søren!

rikkalapio
....
feiebrett

maalipurkki
....
malingsspann

ruuvit
....
skruer

soittimet
musikkinstrument

kaiuttimet
høyttaler

rummut
trommesett

kontrabasso
kontrabass

trumpetti
trompet

kitara
gitar

piano

piano

viulu

fiolin

basso

bass

patarummut

pauke

rumpu

trommer

kosketinsoitin

keyboard

saksofoni

saksofon

huilu

fløyte

mikrofoni

mikrofon

eläintarha
dyrehage

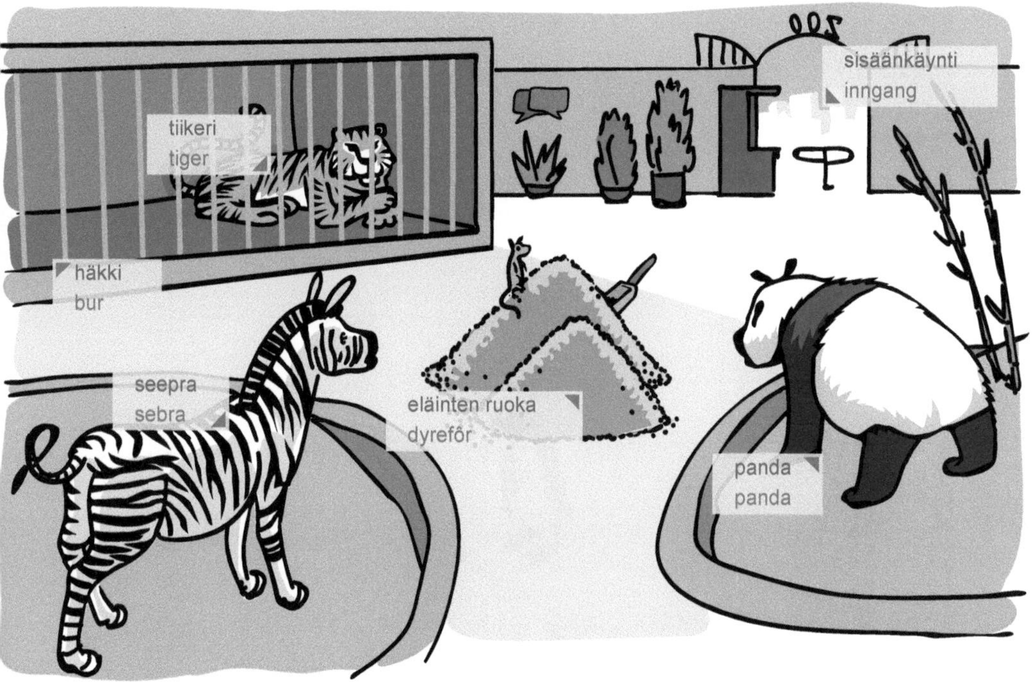

tiikeri
tiger
häkki
bur
seepra
sebra
eläinten ruoka
dyrefôr
panda
panda
sisäänkäynti
inngang

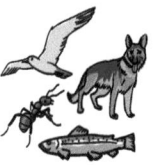

eläimet

dyr

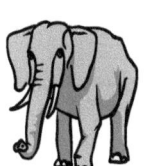

norsu

elefant

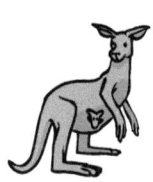

kenguru

kenguru

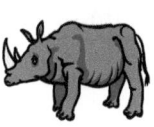

sarvikuono

neshorn

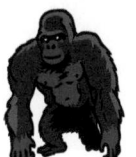

gorilla

gorilla

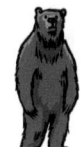

karhu

bjørn

kameli

kamel

strutsi

struts

leijona

løve

apina

ape

flamingo

flamingo

papukaija

papegøye

jääkarhu

isbjørn

pingviini

pingvin

hai

hai

riikinkukko

påfugl

käärme

slange

krokotiili

krokodille

eläintarhanhoitaja

dyrepasser

hylje

sel

jaguaari

jaguar

eläintarha - dyrehage

poni

ponni

leopardi

leopard

virtahepo

flodhest

kirahvi

giraff

kotka

ørn

villisika

villsvin

kala

fisk

kilpikonna

skilpadde

mursu

hvalross

kettu

rev

gaselli

gaselle

amerikkalainen jalkapallo
amerikansk fotball

pyöräily
sykling

tennis
tennis

koripallo
basketball

uinti
svømming

nyrkkeily
boksing

jääkiekko
ishockey

jalkapallo

fotball

sulkapallo

badminton

yleisurheilu

friidrett

käsipallo

håndball

hiihto

stå på ski

poolo

polo

aktiviteetit
aktiviteter

hypätä
hoppe
halata
klemme
nauraa
le
kävellä
gå
laulaa
synge
unelmoida
drømme
rukoilla
be
suudella
kysse

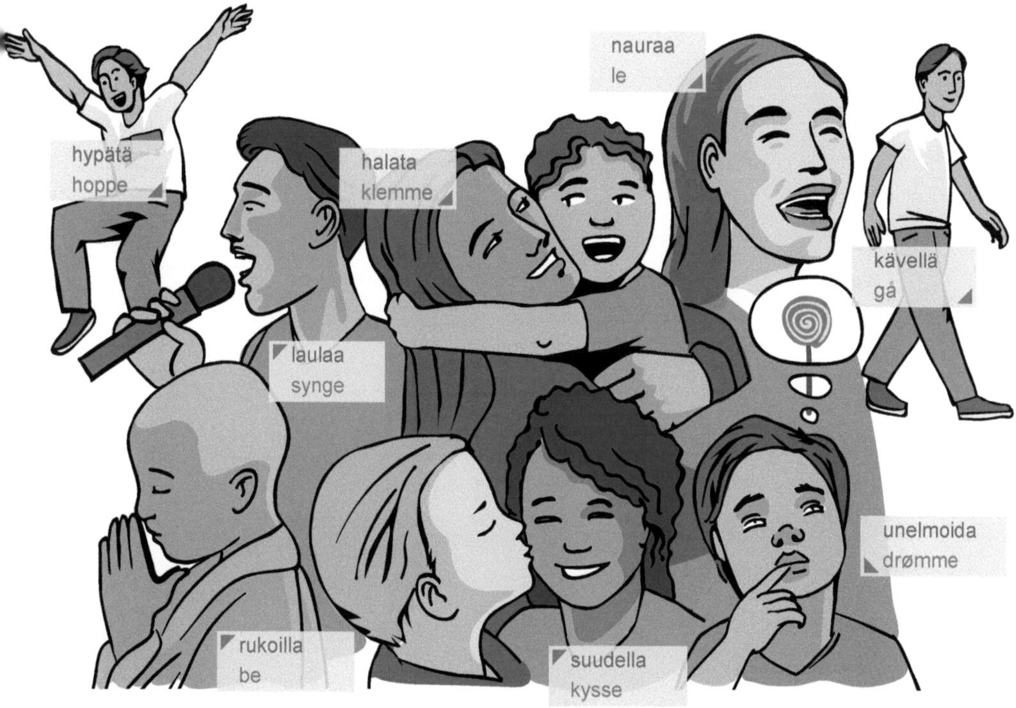

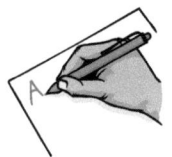

kirjoittaa
skrive

piirtää
tegne

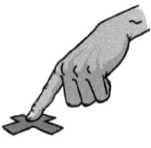

näyttää
vise

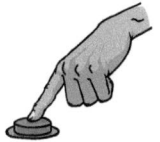

painaa
trykke

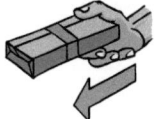

antaa
gi

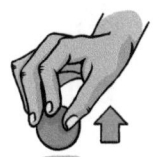

ottaa
ta

omistaa

ha

tehdä

gjøre

olla

være

seisoa

stå

juosta

løpe

vetää

dra

heittää

kaste

kaatua

falle

maata

ligge

odottaa

vente

kantaa

bære

istua

sitte

pukeutua

kle på

nukkua

sove

herätä

våkne

katsoa

se på

itkeä

gråte

silittää

stryke

kammata

gre

puhua

snakke

ymmärtää

forstå

kysyä

spørre

kuunnella

høre

juoda

drikke

syödä

spise

siivota

rydde

rakastaa

elske

keittää

lage mat

ajaa

kjøre

lentää

fly

purjehtia

seile

laskea

regne

lukea

lese

oppia

lære

työskennellä

jobbe

mennä naimisiin

gifte seg

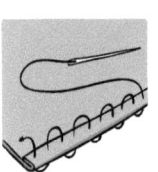

ommella

sy

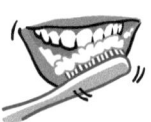

pestä hampaat

pusse tenner

tappaa

drepe

tupakoida

røyke

lähettää

sende

perhe
familie

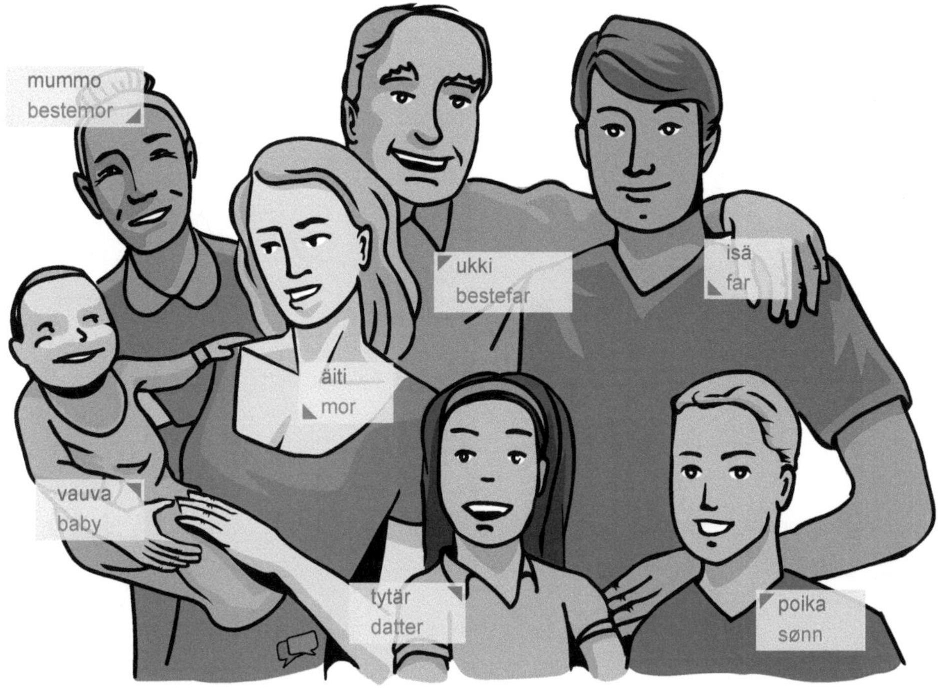

mummo
bestemor
ukki
bestefar
isä
far
äiti
mor
vauva
baby
tytär
datter
poika
sønn

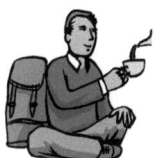

vieras

gjest

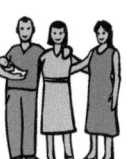

täti

tante

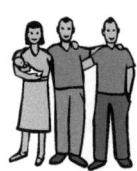

setä

onkel

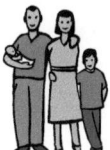

veli

bror

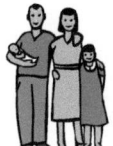

sisko

søster

vartalo
kropp

otsa
panne
silmä
øye
olkapää
skulder
sormet
finger
kasvot
fjes
leuka
hake
käsi
hånd
jalka
ben
rinta
bryst
käsivarsi
arm

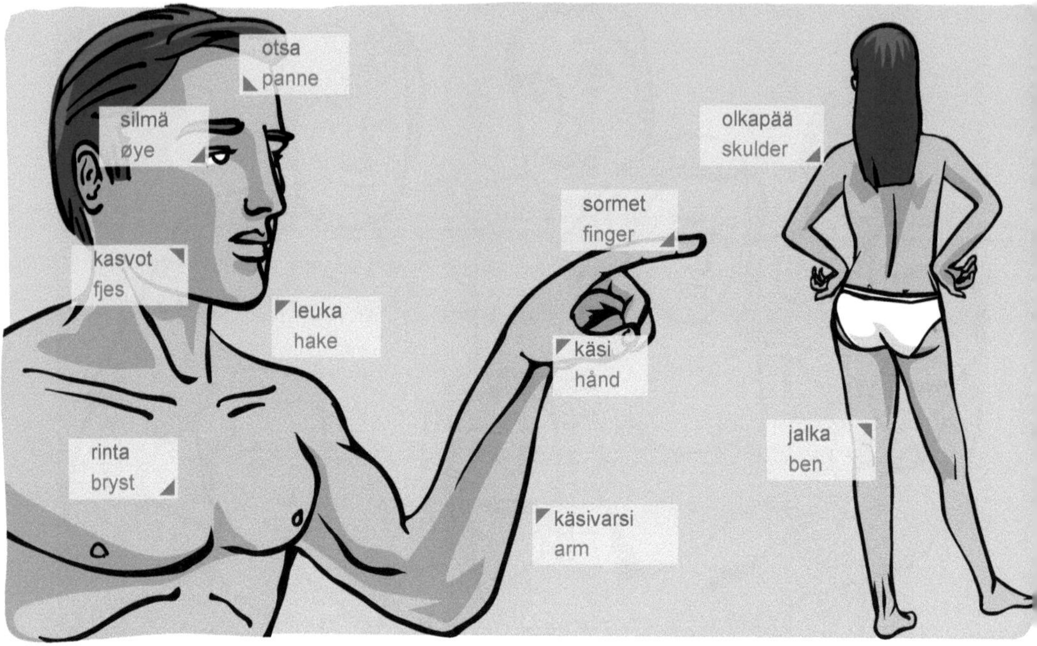

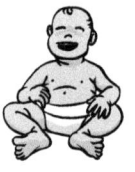

vauva

baby

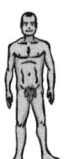

mies

mann

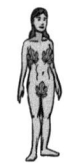

nainen

kvinne

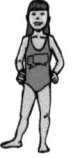

tyttö

jente

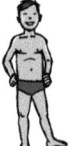

poika

gutt

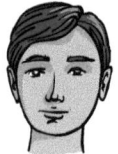

pää

hode

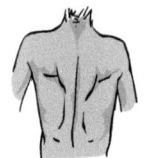

selkä

rygg

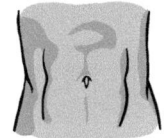

maha

mage

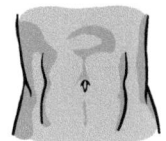

napa

navle

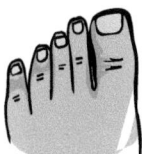

varvas

tå

kantapää

hæl

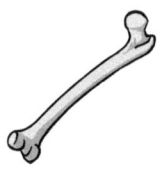

luu

bein

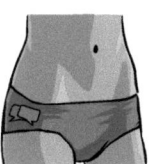

lantio

hofte

polvi

kne

kyynärpää

albue

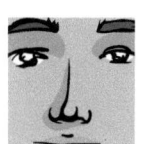

nenä

nese

takapuoli

rumpe

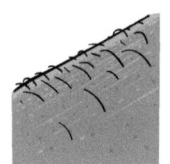

iho

hud

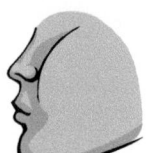

poski

kinn

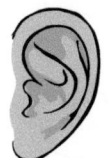

korva

øre

huuli

leppe

vartalo - kropp

suu

munn

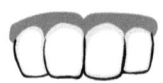

hammas

tann

kieli

tunge

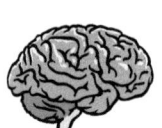

aivot

hjerne

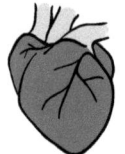

sydän

hjerte

lihas

muskel

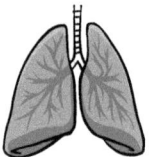

keuhkot

lunge

maksa

lever

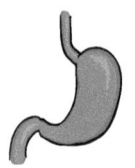

vatsa

magesekk

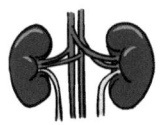

munuaiset

nyrer

seksi

samleie

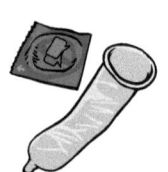

kondomi

kondom

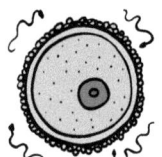

munasolu

eggcelle

sperma

sæd

raskaus

graviditet

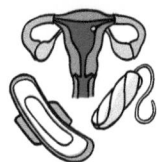

kuukautiset

menstruasjon

vagina

vagina

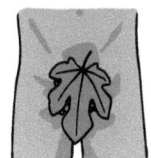

penis

penis

kulmakarvat

øyenbryn

hiukset

hår

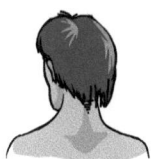

niska

hals

sairaala
sykehus

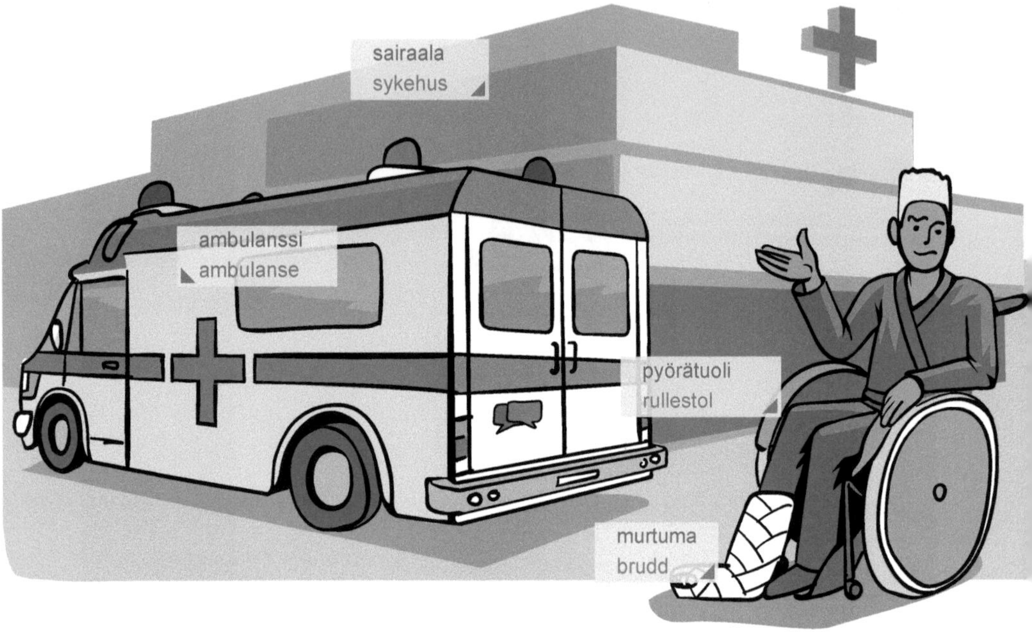

sairaala
sykehus
ambulanssi
ambulanse
pyörätuoli
rullestol
murtuma
brudd

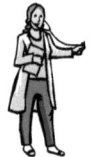

lääkäri

lege

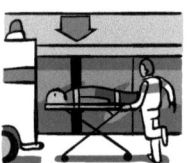

ensiapu

akuttmottak

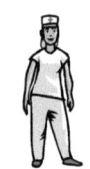

sairaanhoitaja

sykepleier

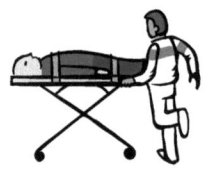

hätätilanne

nødsituasjon

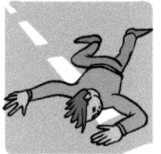

tajuton

bevisstløs

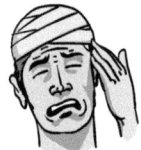

kipu

smerte

vamma

skade

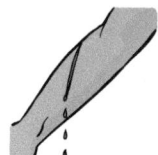

verenvuoto

blødning

sydänkohtaus

hjerteinfarkt

aivoinfarkti

hjerneslag

allergia

allergi

yskä

hoste

kuume

feber

flunssa

influensa

ripuli

diaré

päänsärky

hodepine

syöpä

kreft

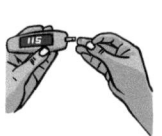

diabetes

diabetes

kirurgi

kirurg

veitsi

skalpell

leikkaus

operasjon

ct
CT

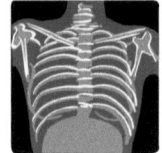

röntgen
røntgen

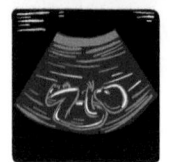

ultraääni
ultralyd

maski
ansiktsmaske

sairaus
sykdom

odotushuone
venterom

sauva
krykke

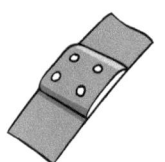

laastari
plaster

side
bandasje

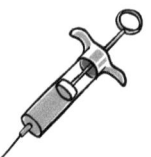

pistos
injeksjon

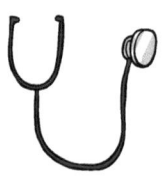

stetoskooppi
stetoskop

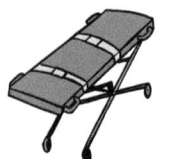

paarit
båre

kuumemittari
klinisk termometer

syntymä
fødsel

ylipaino
overvekt

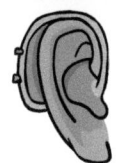

kuulolaite

høreapparat

desinfiointiaine

desinfeksjonsmiddel

infektio

infeksjon

virus

virus

HIV / AIDS

HIV/AIDS

lääke

medisin

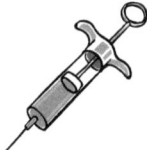

rokotus

vaksinasjon

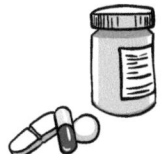

tabletit

tabletter

pilleri

pille

hätäpuhelu

nødanrop

verenpainemittari

blodtrykksmåler

sairas / terve

syk / frisk

Apua!

Hjelp!

hälytys

alarm

ryöstö

overfall

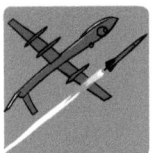

hyökkäys

angrep

vaara

fare

hätäuloskäynti

nødutgang

Tulipalo!

Brann!

palosammutin

brannslukker

onnettomuus

ulykke

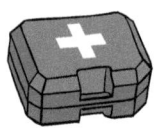

ensiapulaukku

førstehjelpsskrin

SOS

SOS

poliisilaitos

politi

Eurooppa

Europa

Pohjois-Amerikka

Nord-Amerika

Etelä-Amerikka

Sør-Amerika

Afrikka

Afrika

Aasia

Asia

Australia

Australia

Atlantin valtameri

Atlanterhavet

Tyynimeri

Stillehavet

Intian valtameri

Det indiske hav

Eteläinen jäämeri

Sørishavet

Pohjoinen jäämeri

Nordishavet

pohjoisnapa

Nordpolen

etelänapa

Sydpolen

Antarktis

Antarktis

maa

jorden

maa

land

meri

sjø

saari

øy

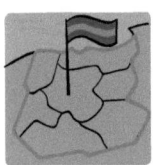

kansa

nasjon

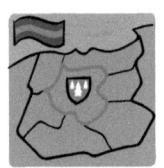

osavaltio

stat

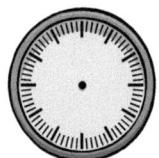

kellotaulu

urskive

tuntiviisari

timeviser

minuuttiviisari

minuttviser

sekuntiviisari

sekundviser

Paljonko kello on?

Hva er klokken?

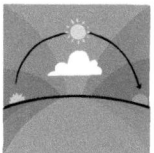

päivä

dag

aika

tid

nyt

nå

digitaalikello

digitalklokke

minuutti

minutt

tunti

time

viikko
uke

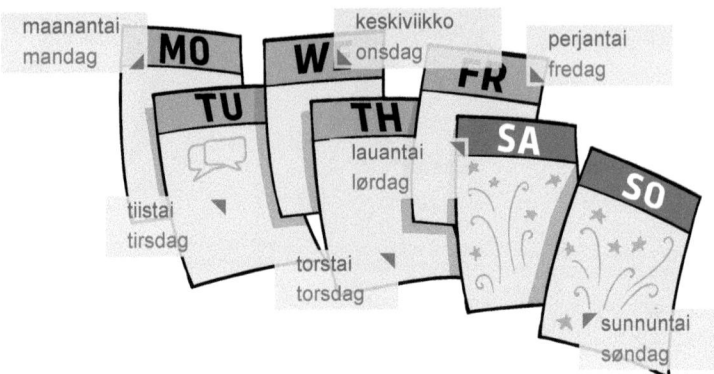

maanantai / mandag — MO
tiistai / tirsdag — TU
keskiviikko / onsdag — W
torstai / torsdag — TH
perjantai / fredag — FR
lauantai / lørdag — SA
sunnuntai / søndag — SO

eilen
i går

tänään
i dag

huomenna
i morgen

aamu
morgen

keskipäivä
middag

ilta
kveld

MO	TU	WE	TH	FR	SA	SU
1	2	3	4	5	6	7
8	9	10	11	12	13	14
15	16	17	18	19	20	21
22	23	24	25	26	27	28
29	30	31	1	2	3	4

työpäivät
arbeidsdag

MO	TU	WE	TH	FR	SA	SU
1	2	3	4	5	6	7
8	9	10	11	12	13	14
15	16	17	18	19	20	21
22	23	24	25	26	27	28
29	30	31	1	2	3	4

viikonloppu
helg

vuosi

år

sade
regn
sateenkaari
regnbue
tuuli
vind
lumi
snø
kevät
vår
syksy
høst
kesä
sommer
talvi
vinter

4.APRIL 11°
5.APRIL 4°
6.APRIL 13°
7.APRIL 8°
8.APRIL 10°

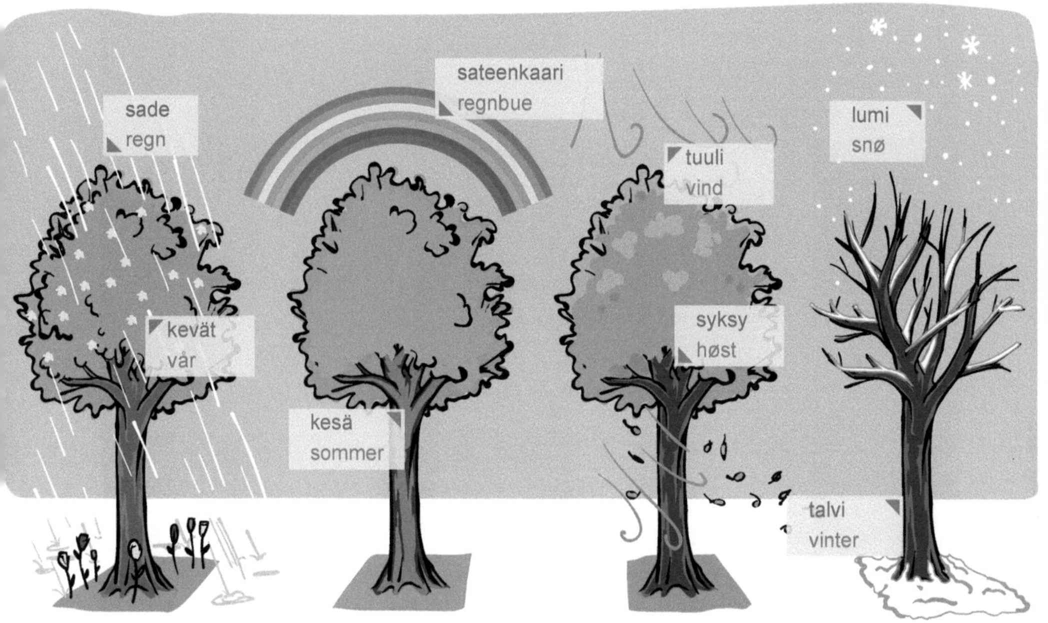

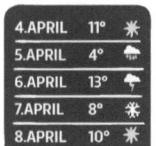

sääennuste

værmelding

F C
120 40
90 30
60 20
30 10
0 0
-30 -10
-20

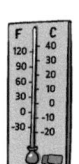

lämpömittari

termometer

auringonpaiste

solskinn

pilvi

sky

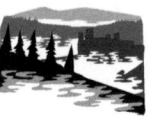

sumu

tåke

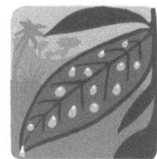

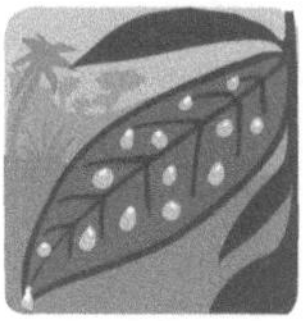

ilmankosteus

luftfuktighet

salama

lyn

ukkonen

torden

myrsky

storm

rae

hagl

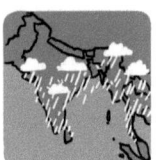

monsuuni

monsun

tulva

oversvømmelse

jää

is

tammikuu

januar

helmikuu

februar

maaliskuu

mars

huhtikuu

april

toukokuu

mai

kesäkuu

juni

heinäkuu

juli

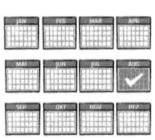

elokuu

august

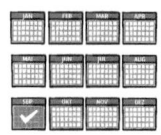

syyskuu
....
september

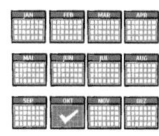

lokakuu
....
oktober

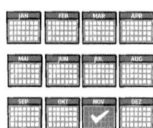

marraskuu
....
november

joulukuu
....
desember

muodot
former

ympyrä
....
sirkel

neliö
....
kvadrat

suorakulmio
....
rektangel

kolmio
....
triangel

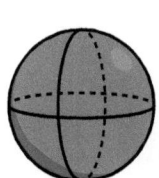

pallo
....
kule

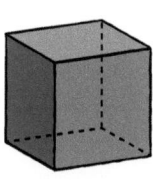

kuutio
....
kube

valkoinen
hvit

keltainen
gul

oranssi
oransj

vaaleanpunainen
rosa

punainen
rød

violetti
lilla

sininen
blå

vihreä
grønn

ruskea
brun

harmaa
grå

musta
svart

paljon / vähän

mye / lite

vihainen / ystävällinen

sint / rolig

kaunis / ruma

pen / stygg

alku / loppu

start / slutt

suuri / pieni

stor / liten

vaalea / tumma

lys / mørk

veli / sisko

bror / søster

puhdas / likainen

ren / skitten

täydellinen / epätäydellinen

fullstendig / ufullstendig

päivä / yö

dag / natt

kuollut / elävä

død / levende

leveä / kapea

bred / smal

syötävä / syömäkelvoton

spiselig / uspiselig

paha / kiltti

ond / snill

innostunut / tylsistynyt

begeistret / lei

lihava / laiha

tykk / tynn

ensimmäinen / viimeinen

først / sist

ystävä / vihollinen

venn / fiende

täysi / tyhjä

full / tom

kova / pehmeä

hard / myk

painava / kevyt

tung / lett

nälkä / jano

sulten / tørst

sairas / terve

syk / frisk

laiton / laillinen

ulovlig / lovlig

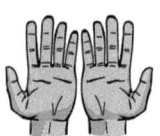

älykäs / tyhmä

intelligent / dum

vasen / oikea

venstre / høyre

lähellä / kaukana

nære / langt unna

uusi / käytetty

ny / brukt

ei mitään / jotain

ingenting / noe

vanha / nuori

gammel / ung

päällä / pois päältä

på / av

auki / kiinni

åpen / stengt

hiljainen / äänekäs

lavt / høyt

rikas / köyhä

rik / fattig

oikein / väärin

riktig / feil

karhea / sileä

ru / glatt

surullinen / iloinen

trist / glad

lyhyt / pitkä

kort / lang

hidas / nopea

langsom / rask

märkä / kuiva

vått / tørt

lämmin / viileä

varm / lunken

sota / rauha

krig / fred

0

nolla

null

1

yksi

en

2

kaksi

to

3

kolme

tre

4

neljä

fire

5

viisi

fem

6

kuusi

seks

7

seitsemän

sju

8

kahdeksan

åtte

9

yhdeksän

ni

10

kymmenen

ti

11

yksitoista

elleve

12	**13**	**14**
kaksitoista	kolmetoista	neljätoista
tolv	tretten	fjorten

15	**16**	**17**
viisitoista	kuusitoista	seitsemäntoista
femten	seksten	sytten

18	**19**	**20**
kahdeksantoista	yhdeksäntoista	kaksikymmentä
atten	nitten	tjue

100	**1.000**	**1.000.000**
sata	tuhat	miljoona
hundre	tusen	million

englanti

engelsk

amerikanenglanti

amerikansk engelsk

mandariinikiina

mandarin

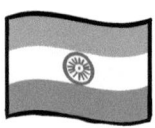

hindi

hindi

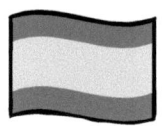

espanja

spansk

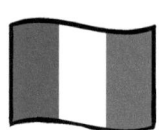

ranska

fransk

arabia

arabisk

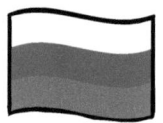

venäjä

russisk

portugali

portugisisk

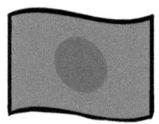

bengali

bengali

saksa

tysk

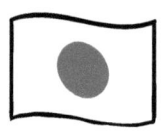

japani

japansk

minä

jeg

sinä

du

hän

han / hun / det

me

vi

te

dere

he

de

kuka?

hvem?

mitä / mikä?

hva?

miten?

hvordan?

missä?

hvor?

milloin?

når?

nimi

navn

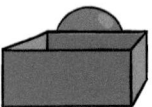

takana

bakom

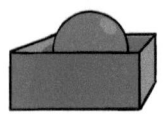

sisällä

i

edessä

foran

yläpuolella

over

päällä

på

alapuolella

under

vieressä

ved siden av

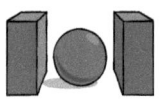

välissä

mellom

paikka

sted